Tabla de Contenido

Resiliencia

Cómo superar cualquier obstáculo de la vida

Copyright ©

El contenido de este libro está protegido por las leyes de propiedad intelectual y tratados internacionales. Todos los derechos están reservados. Ninguna parte de esta publicación puede ser reproducida, almacenada en un sistema de recuperación o transmitida de ninguna forma o por ningún medio -electrónico, mecánico, fotocopia, grabación u otros- sin el permiso previo por escrito de los titulares de los derechos de autor.

Se ha hecho todo lo posible para garantizar la exactitud de la información presentada en este libro. Sin embargo, los autores y la editorial no asumen responsabilidad alguna por errores u omisiones.

Jacob Pierez - 2024

Tabla de contenidos

Conclusión

Capítulo 1: Entendiendo la resiliencia

¿Qué es la resiliencia?

La resiliencia es un concepto que ha ganado prominencia en el ámbito de la psicología y la salud mental en las últimas décadas. Se refiere a la capacidad de una persona para adaptarse, recuperarse y crecer frente a la adversidad, el estrés y las situaciones difíciles. En su esencia, la resiliencia no se trata simplemente de resistir o soportar los desafíos, sino de aprender de ellos y salir fortalecido.

Para comprender mejor la resiliencia, es útil considerarla como un proceso dinámico en lugar de un rasgo estático de la personalidad. Esto significa que la resiliencia no es algo que se posea en su totalidad desde el principio, sino que se desarrolla y se fortalece a lo largo del tiempo a través de experiencias, aprendizajes y prácticas.

La resiliencia implica una combinación de factores internos y externos que interactúan entre sí. Internamente, implica tener una mentalidad positiva, habilidades de afrontamiento efectivas, una autoestima sólida y una capacidad para regular las emociones. Externamente, la resiliencia se ve influenciada por el apoyo social, las relaciones significativas, el acceso a recursos y la presencia de modelos a seguir.

Es importante destacar que la resiliencia no significa ser invulnerable o no experimentar dificultades. Todos enfrentamos desafíos en algún momento de nuestras vidas; lo que diferencia a las personas resilientes es cómo responden a esas dificultades. En lugar de derrumbarse ante la adversidad, las personas resilientes encuentran formas de adaptarse, aprender y seguir adelante.

La resiliencia no es un proceso lineal ni uniforme. Hay altibajos, retrocesos y momentos de duda a lo largo del camino. Sin embargo, lo que distingue a las personas resilientes es su capacidad para recuperarse de los contratiempos, aprender de ellos y seguir avanzando con determinación y esperanza.

Los fundamentos psicológicos de la resiliencia

La resiliencia no es simplemente un estado de ánimo o una habilidad superficial; está arraigada en una serie de fundamentos psicológicos que influyen en cómo enfrentamos y superamos las adversidades. Al comprender estos fundamentos, podemos profundizar nuestra comprensión de la resiliencia y trabajar para fortalecerla en nuestras vidas.

Uno de los pilares fundamentales de la resiliencia es la capacidad de regular las emociones. Las personas resilientes tienen la capacidad de reconocer y aceptar sus emociones, incluso las más difíciles, sin dejar que estas emociones las dominen. En lugar de reprimir o evadir las emociones negativas, las personas resilientes las enfrentan de manera constructiva, buscando formas saludables de gestionarlas y procesarlas.

Otro aspecto crucial de la resiliencia es la mentalidad de crecimiento. Las personas con una mentalidad de crecimiento ven los desafíos como oportunidades para aprender y crecer, en lugar de verlos como obstáculos insuperables. Esta mentalidad les permite mantener una actitud optimista y perseverar a pesar de los contratiempos.

La autoeficacia, o la creencia en nuestras propias habilidades para enfrentar los desafíos, también es fundamental para la resiliencia. Las personas que tienen una alta autoeficacia confían en su capacidad para superar obstáculos y lograr sus metas, lo que les permite mantenerse firmes ante la adversidad y persistir en sus esfuerzos a pesar de los contratiempos.

Además, las relaciones sociales juegan un papel crucial en el desarrollo de la resiliencia. El apoyo social y las conexiones significativas proporcionan un amortiguador emocional durante tiempos difíciles y pueden ayudarnos a encontrar recursos y soluciones a los problemas que enfrentamos. Las personas resilientes tienden a tener redes de apoyo sólidas en las que pueden confiar en momentos de necesidad.

La capacidad de encontrar significado y propósito en las experiencias difíciles también es un componente importante de la resiliencia. Las personas resilientes son capaces de ver el lado positivo de las situaciones difíciles y encontrar lecciones valiosas en ellas. Esto les permite encontrar un sentido de dirección y propósito incluso en medio de la adversidad.

Factores que influyen en la resiliencia

La resiliencia es el resultado de una interacción compleja entre una variedad de factores internos y externos que moldean nuestra capacidad para enfrentar y superar la adversidad. Estos factores no solo determinan cómo respondemos a los desafíos, sino también nuestra capacidad para crecer y prosperar a pesar de las dificultades.

Uno de los factores clave que influyen en la resiliencia es la genética y la biología. Algunas personas pueden tener una predisposición innata a ser más resilientes debido a su constitución genética y sus características biológicas. Por ejemplo, ciertos rasgos de personalidad, como la extroversión y la capacidad para regular las emociones, pueden tener una base genética que influye en nuestra capacidad para enfrentar el estrés y la adversidad.

Sin embargo, la genética no lo es todo. La crianza y el entorno también desempeñan un papel crucial en el desarrollo de la resiliencia. Los niños que crecen en un entorno familiar amoroso y de apoyo tienden a desarrollar una mayor capacidad para enfrentar los desafíos de la vida. Del mismo modo, las experiencias tempranas de trauma o negligencia pueden socavar la resiliencia y dificultar la capacidad de adaptarse a la adversidad en la edad adulta.

La calidad de nuestras relaciones sociales también es un factor importante en la resiliencia. El apoyo social y las conexiones significativas actúan como un amortiguador emocional durante tiempos difíciles, proporcionándonos consuelo, aliento y recursos prácticos para enfrentar los desafíos que enfrentamos. Las personas con redes de apoyo sólidas suelen ser más resilientes porque tienen acceso a un mayor número de recursos y fuentes de apoyo.

Nuestro entorno socioeconómico y cultural también puede influir en nuestra resiliencia. Las personas que viven en comunidades con recursos limitados o que enfrentan discriminación y desigualdad pueden enfrentar desafíos adicionales para desarrollar y mantener la resiliencia. Sin embargo, es importante destacar que la resiliencia no está determinada únicamente por factores externos; incluso en entornos difíciles, las personas pueden desarrollar una gran fortaleza interna y encontrar formas de superar las dificultades.

La educación y el acceso a oportunidades también son factores importantes que influyen en la resiliencia. Las personas con mayores niveles de educación tienden a tener más recursos y habilidades para enfrentar los desafíos de la vida. Del mismo modo, el acceso a oportunidades de empleo significativas y el desarrollo de habilidades laborales pueden mejorar nuestra capacidad para adaptarnos y prosperar en tiempos difíciles.

En resumen, la resiliencia es el resultado de una combinación de factores genéticos, ambientales, sociales, culturales y económicos. Si bien algunos de estos factores pueden estar fuera de nuestro control, otros pueden ser objeto de cambio y mejora a lo largo de la vida. Al comprender los factores que influyen en la resiliencia, podemos trabajar para fortalecerla y desarrollar estrategias efectivas para enfrentar los desafíos de la vida con coraje y determinación.

Capítulo 2: Desarrollando la mentalidad resiliente

Cultivando la mentalidad positiva

La mentalidad positiva es un enfoque mental que nos permite ver el lado positivo de las situaciones, mantener una actitud optimista y encontrar oportunidades de crecimiento en medio de los desafíos. Cultivar una mentalidad positiva no significa ignorar las dificultades o negar la realidad de los problemas, sino adoptar una perspectiva constructiva que nos permita enfrentar los obstáculos con coraje y determinación.

Una de las bases de la mentalidad positiva es el poder del pensamiento positivo. Los pensamientos positivos tienen el poder de influir en nuestras emociones, comportamientos y resultados. Cuando adoptamos una mentalidad positiva, estamos entrenando nuestra mente para enfocarse en las soluciones en lugar de los problemas, en las oportunidades en lugar de las limitaciones.

Una forma de cultivar la mentalidad positiva es practicar el agradecimiento diario. Tomar unos minutos cada día para reflexionar sobre las cosas por las que estamos agradecidos puede cambiar nuestra perspectiva y ayudarnos a enfocarnos en lo positivo en nuestras vidas, incluso en medio de las dificultades. El agradecimiento nos ayuda a mantenernos conectados con las cosas que valoramos y a recordar que incluso en los momentos difíciles, hay aspectos de nuestra vida por los que podemos estar agradecidos.

Otro aspecto importante de la mentalidad positiva es el autocuidado emocional. Esto implica ser consciente de nuestras emociones y buscar formas saludables de gestionarlas. Practicar la atención plena, el yoga, la meditación y otras técnicas de relajación pueden ayudarnos a calmar la mente y reducir el estrés, lo que a su vez nos permite mantener una actitud más positiva frente a los desafíos que enfrentamos.

La resiliencia también se nutre del autocuidado físico. Mantener hábitos saludables de sueño, alimentación y ejercicio puede tener un impacto significativo en nuestra salud mental y emocional. Cuando nos sentimos bien físicamente, estamos más preparados para enfrentar los desafíos con claridad mental y determinación.

Además, rodearnos de personas positivas y motivadoras puede tener un impacto significativo en nuestra propia mentalidad. Pasar tiempo con amigos y familiares que nos apoyan, nos inspiran y nos animan puede elevar nuestro ánimo y fortalecer nuestra resiliencia. Del mismo modo, evitar la negatividad tóxica y las influencias destructivas puede ayudarnos a mantener una mentalidad más positiva y constructiva.

Aceptación y adaptación al cambio

La vida está constantemente en movimiento, y el cambio es una parte inevitable de esa dinámica. Aceptar y adaptarse al cambio es fundamental para desarrollar resiliencia y enfrentar los desafíos con flexibilidad y fortaleza. Aquí exploraremos cómo la aceptación y la adaptación al cambio pueden ser herramientas poderosas en nuestro viaje hacia la resiliencia, junto con ejemplos prácticos que ilustran su importancia.

Una parte fundamental de la aceptación del cambio es reconocer que el cambio es una parte natural de la vida. A menudo, resistimos el cambio porque nos sentimos cómodos con la rutina y tememos lo desconocido. Sin embargo, al aceptar que el cambio es inevitable, podemos liberarnos del sufrimiento innecesario y abrirnos a nuevas posibilidades.

Un ejemplo de aceptación del cambio es el proceso de adaptarse a un cambio inesperado en el trabajo. Imagina que te enteras de que tu empresa está reestructurando y tu departamento será eliminado. En lugar de resistirte y aferrarte a cómo eran las cosas antes, puedes practicar la aceptación reconociendo que el cambio es inevitable y que ahora tienes la oportunidad de explorar nuevas oportunidades laborales o reinventarte profesionalmente.

La adaptación al cambio implica ajustar nuestras expectativas y comportamientos para responder de manera efectiva a las nuevas circunstancias. Esto puede implicar aprender nuevas habilidades, cambiar nuestra forma de pensar o simplemente adaptarnos a un entorno diferente. La capacidad de adaptación nos permite fluir con los cambios en lugar de luchar contra ellos, lo que nos ayuda a mantenernos resilientes en tiempos de incertidumbre.

Un ejemplo de adaptación al cambio es aprender a trabajar desde casa durante la pandemia de COVID-19. Para muchas personas, esto significó ajustar sus rutinas diarias, establecer nuevos límites entre el trabajo y la vida personal, y aprender a utilizar herramientas de comunicación en línea de manera efectiva. Aquellos que pudieron adaptarse con éxito encontraron formas creativas de mantener la productividad y el equilibrio mientras navegaban por las complejidades del trabajo remoto.

La aceptación y la adaptación al cambio también implican cultivar la mentalidad de crecimiento. En lugar de ver los cambios como obstáculos, los vemos como oportunidades para aprender y crecer. Esto nos permite abrazar los desafíos con una actitud de curiosidad y resiliencia, en lugar de resistirnos o temerles.

En resumen, la aceptación y la adaptación al cambio son habilidades esenciales para cultivar la resiliencia en la vida. Al practicar la aceptación y ajustar nuestra forma de pensar y actuar en respuesta a los cambios, podemos desarrollar una mayor flexibilidad y fortaleza emocional que nos ayudará a enfrentar cualquier desafío que la vida nos presente.

Fortalecimiento de la autoestima y la autoconfianza

La autoestima y la autoconfianza son componentes fundamentales de la resiliencia. Una sólida autoestima nos proporciona una base emocional sólida desde la cual enfrentar los desafíos de la vida, mientras que la autoconfianza nos da la seguridad para creer en nuestras habilidades y tomar decisiones audaces. En este subcapítulo, exploraremos estrategias prácticas para fortalecer tanto la autoestima como la autoconfianza, acompañadas de ejemplos para ilustrar su aplicación en la vida cotidiana.

Una forma de fortalecer la autoestima es practicar el autocuidado y la autocompasión. Esto implica tratarnos a nosotros mismos con amabilidad y comprensión, especialmente en momentos de dificultad. Por ejemplo, si cometemos un error en el trabajo, en lugar de castigarnos o criticarnos sin piedad, podemos practicar la autocompasión recordándonos a nosotros mismos que todos cometemos errores y que esto no define nuestro valor como personas.

Otro aspecto importante del fortalecimiento de la autoestima es identificar y desafiar nuestros pensamientos negativos. A menudo, nuestras creencias autocríticas pueden minar nuestra autoestima y perpetuar un ciclo de auto-sabotaje. Por ejemplo, si nos encontramos pensando "No soy lo suficientemente bueno" antes de una presentación importante, podemos desafiar ese pensamiento reflexionando sobre nuestros logros pasados y reconociendo nuestras fortalezas únicas.

La práctica de establecer y lograr metas también puede ser una herramienta poderosa para fortalecer la autoestima. Al establecer metas realistas y alcanzables y trabajar de manera constante para alcanzarlas, podemos fortalecer nuestra sensación de competencia y logro. Por ejemplo, si nuestro objetivo es mejorar nuestra condición física, podemos establecer metas pequeñas y medibles, como caminar 30 minutos al día o inscribirnos en una clase de yoga, y celebrar nuestros logros a medida que los alcanzamos.

La autoconfianza, por otro lado, se nutre de la experiencia y el conocimiento de nuestras propias habilidades y capacidades. Una forma de fortalecer la autoconfianza es practicar el dominio en áreas específicas de nuestras vidas. Por ejemplo, si queremos mejorar nuestras habilidades de comunicación, podemos inscribirnos en un curso de oratoria o unirse a un grupo de debate para practicar y perfeccionar nuestras habilidades en un entorno de apoyo.

Otro aspecto importante de la autoconfianza es aprender a aceptar el fracaso como parte del proceso de aprendizaje y crecimiento. En lugar de ver el fracaso como una indicación de incompetencia, podemos adoptar una mentalidad de crecimiento y verlo como una oportunidad para aprender y mejorar. Por ejemplo, si nos presentamos a una entrevista de trabajo y no obtenemos el puesto, podemos reflexionar sobre nuestra actuación, identificar áreas de mejora y usar esa retroalimentación para prepararnos mejor para futuras oportunidades.

Capítulo 3: Gestión efectiva del estrés

Reconociendo y gestionando el estrés

El estrés es una parte inevitable de la vida, pero aprender a reconocerlo y gestionarlo de manera efectiva es esencial para mantener nuestra salud mental y emocional. En este subcapítulo, exploraremos estrategias prácticas para identificar y manejar el estrés, junto con ejemplos que pueden ser útiles en situaciones cotidianas.

El primer paso para gestionar el estrés es reconocer los signos y síntomas del mismo. Estos pueden variar desde sensaciones físicas como dolores de cabeza o tensión muscular, hasta cambios en el estado de ánimo como irritabilidad o ansiedad. Por ejemplo, si te encuentras sintiendo tensión en los hombros y dificultades para conciliar el sueño debido a preocupaciones persistentes, es posible que estés experimentando estrés.

Una vez que reconocemos que estamos experimentando estrés, podemos comenzar a implementar estrategias para manejarlo de manera efectiva. Una técnica útil es la respiración profunda y consciente. Tomar unos minutos para respirar profundamente, enfocándonos en la inhalación y exhalación lenta y controlada, puede ayudar a calmar el sistema nervioso y reducir los niveles de estrés. Por ejemplo, si te sientes abrumado por una carga de trabajo pesada, puedes tomarte un descanso breve para hacer algunas respiraciones profundas y recargar tus energías.

Otra estrategia efectiva para gestionar el estrés es la práctica de la atención plena o mindfulness. La atención plena consiste en prestar atención consciente al momento presente, sin juzgar nuestros pensamientos o emociones. Por ejemplo, si estás sintiendo ansiedad por un próximo evento importante, puedes practicar la atención plena centrándote en tus sensaciones físicas y emocionales en el momento presente, sin dejar que los pensamientos ansiosos te abrumen.

El ejercicio regular también puede ser una poderosa herramienta para gestionar el estrés. La actividad física libera endorfinas, neurotransmisores que actúan como analgésicos naturales y que pueden ayudar a reducir los niveles de estrés y mejorar el estado de ánimo. Por ejemplo, si te sientes estresado por las demandas del trabajo, puedes programar tiempo para hacer ejercicio, ya sea caminar, correr o practicar yoga, para liberar tensiones y sentirte más relajado y centrado.

Además, es importante establecer límites y prioridades claras para manejar eficazmente las fuentes de estrés en nuestra vida. Esto puede implicar aprender a decir "no" cuando sea necesario, delegar tareas o buscar apoyo cuando nos sentimos abrumados. Por ejemplo, si te encuentras constantemente desbordado por las demandas de los demás, puedes establecer límites saludables comunicando tus necesidades y estableciendo expectativas realistas sobre lo que puedes lograr.

En resumen, reconocer y gestionar el estrés es fundamental para mantener nuestra salud mental y emocional. Al implementar estrategias como la respiración profunda, la atención plena, el ejercicio regular y el establecimiento de límites saludables, podemos reducir los efectos del estrés en nuestras vidas y desarrollar una mayor capacidad para afrontar los desafíos con calma y resiliencia.

Técnicas de relajación y mindfulness

En un mundo lleno de distracciones y demandas constantes, las técnicas de relajación y mindfulness son herramientas valiosas para contrarrestar el estrés y cultivar la calma mental. En este subcapítulo, exploraremos diversas técnicas que puedes incorporar en tu vida diaria para reducir la ansiedad y mejorar tu bienestar emocional, junto con ejemplos prácticos para su aplicación.

Una de las técnicas de relajación más efectivas es la respiración profunda. Este ejercicio simple implica tomar respiraciones lentas y profundas, enfocándote en la inhalación y exhalación para calmar el sistema nervioso y reducir los niveles de estrés. Por ejemplo, puedes encontrar un lugar tranquilo, sentarte cómodamente y tomar respiraciones profundas, contando lentamente hasta cinco al inhalar y exhalar. Repite este proceso varias veces, permitiendo que cada respiración te traiga una sensación de calma y relajación.

La visualización guiada es otra técnica poderosa para inducir la relajación y reducir el estrés. Con esta técnica, imaginas un lugar tranquilo y sereno en tu mente, utilizando todos tus sentidos para crear una imagen vívida y realista. Por ejemplo, puedes imaginar que estás en una playa soleada, sintiendo la suave brisa en tu piel, escuchando el sonido de las olas y oliendo el aroma del océano. Al sumergirte en esta visualización, puedes experimentar una sensación de paz y tranquilidad que te ayuda a aliviar el estrés y la ansiedad.

El mindfulness, o atención plena, es una práctica que implica prestar atención consciente al momento presente, sin juzgar nuestros pensamientos o emociones. Una forma común de practicar el mindfulness es a través de la meditación. Por ejemplo, puedes sentarte en un lugar tranquilo, cerrar los ojos y enfocarte en tu respiración, observando cómo entra y sale el aire de tu cuerpo. A medida que tu mente divaga, simplemente vuelve tu atención suavemente a tu respiración, sin juzgar tus pensamientos o preocupaciones.

La práctica del mindfulness también se puede integrar en actividades cotidianas, como comer o caminar. Por ejemplo, puedes practicar la atención plena mientras comes, saboreando cada bocado y prestando atención a la textura, el sabor y el aroma de los alimentos. O mientras caminas, puedes enfocarte en las sensaciones de tus pies tocando el suelo, el aire fresco en tu rostro y los sonidos a tu alrededor. Al hacerlo, te vuelves más consciente del momento presente y menos afectado por el estrés y la ansiedad.

Otra técnica de relajación efectiva es la relajación muscular progresiva, que implica tensar y relajar deliberadamente los diferentes grupos musculares del cuerpo para liberar la tensión acumulada. Por ejemplo, puedes comenzar por tensar los músculos de los pies durante varios segundos y luego relajarlos completamente, sintiendo la diferencia entre la tensión y la relajación. Luego, puedes continuar moviéndote hacia arriba por el cuerpo, tensando y relajando cada grupo muscular en sucesión, hasta que todo tu cuerpo esté completamente relajado y libre de tensión.

Estrategias para mantener la calma en situaciones difíciles

En momentos de crisis o adversidad, mantener la calma puede marcar la diferencia entre una respuesta efectiva y una reacción impulsiva. En este subcapítulo, exploraremos diversas estrategias que puedes utilizar para mantener la calma en situaciones difíciles, acompañadas de ejemplos prácticos que pueden ser útiles en momentos de tensión.

Una de las estrategias más efectivas para mantener la calma es practicar la pausa reflexiva. En lugar de reaccionar instantáneamente ante una situación estresante, tómate un momento para respirar profundamente y evaluar la situación antes de responder. Por ejemplo, si recibes una crítica en el trabajo que te provoca sentirte molesto o defensivo, tómate un momento para respirar y reflexionar sobre cómo quieres abordar la situación de manera constructiva y respetuosa.

Otra estrategia útil es la visualización de un resultado positivo. Imagina cómo te gustaría que se desarrollara la situación y visualiza ese resultado en tu mente con tanto detalle como sea posible. Por ejemplo, si te enfrentas a una entrevista de trabajo estresante, visualízate a ti mismo respondiendo con confianza y seguridad, recibiendo una respuesta positiva del entrevistador y caminando hacia fuera con una sensación de logro.

La práctica del mindfulness también puede ayudarte a mantener la calma en situaciones difíciles al centrar tu atención en el momento presente y alejarte de los pensamientos preocupantes o catastróficos. Por ejemplo, si te encuentras sintiendo ansiedad por un problema futuro, puedes practicar el mindfulness enfocándote en tus sensaciones físicas y emocionales en el momento presente, como el ritmo de tu respiración o la sensación de tus pies tocando el suelo.

La gestión del tiempo y la priorización de tareas también pueden ser estrategias efectivas para reducir el estrés y mantener la calma en momentos de alta presión. Organiza tus tareas por orden de importancia y establece límites realistas sobre lo que puedes lograr en un período de tiempo determinado. Por ejemplo, si te enfrentas a un plazo ajustado en el trabajo, haz una lista de las tareas más urgentes y dedica tiempo a completarlas una por una, sin permitir que el estrés te abrume.

Además, cultivar una actitud de aceptación y adaptación puede ayudarte a mantener la calma frente a situaciones difíciles que están fuera de tu control. En lugar de resistirte a los cambios o luchar contra las circunstancias, practica la aceptación de lo que es y busca formas creativas de adaptarte y seguir adelante. Por ejemplo, si te enfrentas a una pérdida inesperada, puedes practicar la aceptación reconociendo tus emociones y buscando apoyo en amigos y seres queridos para ayudarte a superar el duelo.

Capítulo 4: Construyendo relaciones sólidas

El papel de las relaciones en la resiliencia

Las relaciones humanas desempeñan un papel fundamental en nuestra capacidad para desarrollar resiliencia y superar los desafíos de la vida. En este subcapítulo, exploraremos cómo las relaciones pueden influir en nuestra resiliencia y cómo podemos cultivar conexiones significativas que nos fortalezcan en tiempos difíciles, junto con ejemplos prácticos que ilustran su importancia.

Una de las formas en que las relaciones contribuyen a nuestra resiliencia es a través del apoyo emocional que proporcionan. Tener amigos, familiares o seres queridos en quienes podemos confiar y compartir nuestras preocupaciones nos brinda un sentido de pertenencia y seguridad que nos ayuda a enfrentar los desafíos con mayor confianza y optimismo. Por ejemplo, si estás pasando por un momento difícil en el trabajo, tener un amigo en quien puedas confiar para hablar sobre tus preocupaciones puede brindarte el apoyo emocional que necesitas para mantener la calma y encontrar soluciones efectivas.

Además del apoyo emocional, las relaciones también pueden proporcionar apoyo práctico en momentos de necesidad. Esto puede incluir ayuda con tareas cotidianas, consejos prácticos o recursos materiales que nos ayuden a superar obstáculos. Por ejemplo, si te enfrentas a dificultades financieras, contar con el apoyo de un miembro de la familia que esté dispuesto a ayudarte económicamente o brindarte orientación financiera puede marcar una gran diferencia en tu capacidad para recuperarte y seguir adelante.

Las relaciones también pueden actuar como un espejo que refleja nuestra propia resiliencia y fortaleza. Al observar cómo otros enfrentan y superan los desafíos en sus vidas, podemos aprender lecciones valiosas y adquirir nuevas habilidades y perspectivas que fortalezcan nuestra propia resiliencia. Por ejemplo, si tienes un amigo que ha superado una enfermedad grave con coraje y determinación, su experiencia puede inspirarte a enfrentar tus propios desafíos con mayor fuerza y determinación.

Además, las relaciones saludables pueden proporcionarnos un sentido de propósito y significado en la vida. Sentirnos conectados con los demás y contribuir al bienestar de quienes nos rodean nos ayuda a desarrollar una sensación de pertenencia y valor personal que fortalece nuestra resiliencia. Por ejemplo, participar en actividades de voluntariado o ayudar a un amigo en dificultades puede brindarnos una sensación de satisfacción y propósito que nos ayuda a enfrentar los desafíos con mayor optimismo y determinación.

Fomentando conexiones significativas

Las conexiones significativas con otras personas son pilares fundamentales de la resiliencia emocional y pueden proporcionar un valioso apoyo durante los momentos difíciles de la vida. En este subcapítulo, exploraremos cómo podemos fomentar relaciones significativas que fortalezcan nuestra resiliencia, acompañadas de ejemplos prácticos para inspirarte a cultivar conexiones más profundas en tu vida cotidiana.

Una forma de fomentar conexiones significativas es ser auténtico y genuino en nuestras interacciones con los demás. Mostrarnos tal como somos, con nuestras fortalezas y debilidades, nos permite construir relaciones basadas en la confianza y la honestidad. Por ejemplo, si estás conociendo a alguien nuevo, ser honesto sobre tus intereses, experiencias y preocupaciones puede ayudarte a establecer una conexión más auténtica y significativa desde el principio.

Escuchar activamente es otra habilidad importante para fomentar conexiones significativas. Tomarse el tiempo para escuchar con atención y empatía las experiencias y emociones de los demás les hace sentir valorados y comprendidos, lo que fortalece el vínculo entre las personas. Por ejemplo, si un amigo está pasando por un momento difícil, puedes dedicar tiempo a escuchar sus preocupaciones sin juzgar ni interrumpir, ofreciendo tu apoyo y comprensión de manera genuina.

Además, es importante cultivar relaciones basadas en el respeto mutuo y la aceptación incondicional. Reconocer y valorar las diferencias individuales de cada persona nos permite construir relaciones más sólidas y enriquecedoras. Por ejemplo, si tienes un amigo cuyas creencias o intereses difieren de los tuyos, puedes celebrar esas diferencias y aprender unos de otros en lugar de dejar que generen conflictos en la relación.

Otra forma de fomentar conexiones significativas es dedicar tiempo y esfuerzo a nutrir las relaciones existentes. Esto puede implicar planificar actividades juntos, expresar gratitud y aprecio por los demás, y estar presente en los buenos y malos momentos. Por ejemplo, organizar una cena con amigos, enviar un mensaje de agradecimiento a un ser querido por su apoyo constante o estar disponible para ofrecer consuelo durante un momento difícil son formas de fortalecer los lazos emocionales y cultivar conexiones más significativas.

La tecnología también puede ser una herramienta útil para mantener y fortalecer conexiones significativas, especialmente en tiempos de distancia física. Utilizar plataformas de redes sociales, videollamadas o mensajes de texto para mantenerse en contacto con amigos y familiares puede ayudar a mantener viva la conexión y el apoyo emocional, incluso cuando no podemos estar juntos en persona.

Apoyo social y redes de apoyo

El apoyo social y las redes de apoyo desempeñan un papel vital en nuestra capacidad para afrontar el estrés, superar los desafíos y mantenernos resilientes en momentos difíciles. En este subcapítulo, exploraremos la importancia del apoyo social y cómo podemos construir y fortalecer nuestras redes de apoyo, junto con ejemplos prácticos para ayudarte a cultivar relaciones significativas en tu vida.

El apoyo social se refiere al acceso a relaciones y recursos que nos brindan ayuda emocional, práctica y de otro tipo en momentos de necesidad. Este tipo de apoyo puede provenir de diversas fuentes, como amigos, familiares, compañeros de trabajo, grupos de apoyo y comunidad en general. Por ejemplo, si estás pasando por un momento difícil en tu vida personal, tener amigos cercanos con quienes puedas hablar y compartir tus preocupaciones puede brindarte el apoyo emocional que necesitas para sobrellevar la situación.

Las redes de apoyo son estructuras más amplias de relaciones y recursos que proporcionan apoyo a lo largo del tiempo y en diferentes situaciones. Estas redes pueden incluir no solo a amigos y familiares, sino también a profesionales de la salud, mentores, grupos comunitarios y organizaciones de apoyo. Por ejemplo, si estás enfrentando un problema de salud mental, tu red de apoyo puede incluir a un terapeuta, un grupo de apoyo en línea y amigos que han pasado por experiencias similares.

Una de las formas de construir y fortalecer nuestras redes de apoyo es cultivar relaciones significativas y mantener la comunicación abierta con quienes nos rodean. Esto implica estar dispuestos a pedir ayuda cuando la necesitemos y ofrecer apoyo a los demás en momentos de necesidad. Por ejemplo, si un amigo está pasando por un momento difícil, podemos ofrecer nuestra escucha comprensiva, brindar ayuda práctica o simplemente estar presentes para ofrecer consuelo y apoyo emocional.

Además, es importante diversificar nuestras fuentes de apoyo y buscar diferentes tipos de relaciones y recursos que nos brinden el apoyo que necesitamos en diferentes áreas de nuestra vida. Por ejemplo, si estamos buscando apoyo emocional, podemos acudir a amigos cercanos y familiares, mientras que, si necesitamos orientación profesional, podemos buscar la ayuda de un terapeuta o consejero.

Las redes de apoyo también pueden incluir recursos comunitarios y servicios profesionales que brinden apoyo especializado en áreas específicas. Esto puede incluir grupos de apoyo, líneas de ayuda, centros de salud mental y organizaciones sin fines de lucro que ofrecen servicios de asesoramiento y apoyo a personas que enfrentan diversos desafíos en la vida.

Capítulo 5: Aprendiendo de la adversidad

Cambiando la perspectiva sobre los desafíos

La forma en que percibimos y abordamos los desafíos puede tener un impacto significativo en nuestra resiliencia y bienestar emocional. En este subcapítulo, exploraremos cómo cambiar nuestra perspectiva sobre los desafíos puede ayudarnos a enfrentarlos de manera más efectiva y desarrollar una mayor resiliencia, acompañado de ejemplos prácticos para inspirarte a adoptar una mentalidad más positiva ante las adversidades.

Una forma de cambiar nuestra perspectiva sobre los desafíos es verlos como oportunidades de crecimiento y aprendizaje. En lugar de percibir los obstáculos como obstáculos insuperables, podemos verlos como oportunidades para adquirir nuevas habilidades, desarrollar fortalezas y superar nuestras limitaciones. Por ejemplo, si enfrentamos una situación laboral difícil, podemos verla como una oportunidad para mejorar nuestras habilidades de resolución de problemas y comunicación, en lugar de dejar que nos abrume con sentimientos de desesperanza y desesperación.

Otra forma de cambiar nuestra perspectiva sobre los desafíos es practicar la gratitud y el enfoque en lo positivo. Aunque los desafíos pueden ser difíciles y desalentadores, también pueden proporcionar oportunidades para apreciar lo que tenemos y reconocer las cosas buenas en nuestras vidas. Por ejemplo, si estamos pasando por una crisis financiera, podemos enfocarnos en las relaciones sólidas que tenemos con nuestros seres queridos y en las lecciones de humildad y resiliencia que estamos aprendiendo en el proceso.

Además, es útil adoptar una mentalidad de crecimiento en lugar de una mentalidad fija cuando enfrentamos desafíos. Una mentalidad de crecimiento nos permite ver los desafíos como oportunidades para aprender y mejorar, en lugar de verlos como reflejos de nuestras limitaciones y fracasos personales. Por ejemplo, si nos enfrentamos a un rechazo en una solicitud de trabajo, podemos verlo como una oportunidad para aprender de la experiencia y mejorar nuestras habilidades para futuras oportunidades, en lugar de dejar que socave nuestra confianza en nosotros mismos.

También es importante practicar la autocompasión y el perdón hacia nosotros mismos cuando enfrentamos desafíos. En lugar de culparnos por nuestras dificultades o lamentarnos por nuestras fallas, podemos reconocer nuestra humanidad y aceptar nuestras imperfecciones con compasión y comprensión. Por ejemplo, si cometemos un error en una relación personal, podemos practicar el perdón hacia nosotros mismos y comprometernos a aprender de la experiencia y hacer las cosas mejor en el futuro.

Transformando la adversidad en oportunidad de crecimiento

La capacidad de transformar la adversidad en oportunidad de crecimiento es una marca distintiva de la resiliencia emocional. En este subcapítulo, exploraremos cómo podemos cambiar nuestra perspectiva sobre las experiencias difíciles y convertirlas en oportunidades para aprender, crecer y fortalecernos, acompañado de ejemplos prácticos para inspirarte a encontrar el crecimiento en medio de la adversidad.

Una forma de transformar la adversidad en oportunidad de crecimiento es reflexionar sobre nuestras experiencias y extraer lecciones significativas de ellas. En lugar de quedarnos atrapados en el sufrimiento o la desesperación, podemos preguntarnos qué podemos aprender de la situación y cómo podemos crecer como resultado. Por ejemplo, si enfrentamos una pérdida significativa en nuestras vidas, podemos reflexionar sobre los valores que son más importantes para nosotros y cómo podemos honrar la memoria de nuestros seres queridos viviendo de acuerdo con esos valores.

Otra forma de encontrar oportunidades de crecimiento en la adversidad es desarrollar resiliencia emocional y habilidades de afrontamiento efectivas. Las experiencias difíciles nos desafían a desarrollar nuevas formas de afrontamiento y adaptación que nos hacen más fuertes y resistentes ante futuras dificultades. Por ejemplo, si enfrentamos un desafío en el trabajo que nos causa estrés y ansiedad, podemos utilizar técnicas de manejo del estrés como la respiración profunda y la visualización para calmarnos y encontrar soluciones efectivas.

Además, es útil buscar el significado y el propósito en medio de la adversidad. A menudo, las experiencias difíciles nos obligan a reconsiderar nuestras prioridades y metas en la vida, lo que puede conducir a un mayor sentido de propósito y dirección. Por ejemplo, si enfrentamos una enfermedad o lesión que nos obliga a reducir nuestro ritmo de vida, podemos aprovechar la oportunidad para reflexionar sobre lo que realmente importa en la vida y hacer ajustes en consecuencia para vivir más alineados con nuestros valores y pasiones.

También es importante buscar el apoyo y la conexión con los demás durante tiempos difíciles. Compartir nuestras experiencias y emociones con amigos, familiares o grupos de apoyo puede ayudarnos a sentirnos menos solos y proporcionarnos una perspectiva diferente sobre nuestra situación. Por ejemplo, si enfrentamos una crisis personal, buscar el apoyo de un terapeuta o un grupo de apoyo puede proporcionarnos el espacio y el apoyo emocional que necesitamos para procesar nuestras emociones y encontrar una forma de avanzar.

Resiliencia post-traumática

La resiliencia post-traumática se refiere a la capacidad de recuperarse y reconstruirse después de experiencias traumáticas, como accidentes, desastres naturales, abusos o eventos violentos. En este subcapítulo, exploraremos cómo podemos desarrollar y fortalecer nuestra resiliencia después de enfrentar traumas, junto con ejemplos prácticos para ayudarte a superar el impacto emocional de experiencias difíciles.

Una forma de desarrollar resiliencia post-traumática es buscar apoyo emocional y profesional. Compartir nuestras experiencias con amigos, familiares o terapeutas puede ayudarnos a procesar nuestras emociones, enfrentar nuestros miedos y encontrar formas saludables de lidiar con el trauma. Por ejemplo, si hemos sido víctimas de un robo, podemos buscar el apoyo de amigos cercanos para hablar sobre nuestras emociones y preocupaciones, así como buscar la ayuda de un terapeuta especializado en trauma para guiar nuestro proceso de recuperación.

Además, es importante practicar la autocompasión y el autocuidado mientras nos recuperamos de un trauma. Darnos permiso para sentir y expresar nuestras emociones, así como cuidar de nuestras necesidades físicas y emocionales, son pasos fundamentales para sanar y reconstruirnos después de una experiencia traumática. Por ejemplo, podemos dedicar tiempo a actividades que nos brinden consuelo y placer, como practicar yoga, meditar, pintar o simplemente dar un paseo por la naturaleza.

Otra estrategia útil para desarrollar resiliencia post-traumática es aprender técnicas de manejo del estrés y la ansiedad. El trauma puede dejar secuelas emocionales, como miedo, ansiedad o insomnio, que pueden dificultar nuestro proceso de recuperación. Aprender técnicas de respiración, relajación muscular o mindfulness puede ayudarnos a reducir los síntomas de estrés y ansiedad y mejorar nuestra capacidad para enfrentar los desafíos con calma y claridad. Por ejemplo, si experimentamos flashbacks o pesadillas después de un trauma, podemos practicar la atención plena para volver al momento presente y sentirnos más seguros y en control.

Además, es importante establecer límites saludables y buscar entornos seguros y de apoyo mientras nos recuperamos de un trauma. Evitar situaciones o personas que nos hagan sentir inseguros o desencadenen recuerdos dolorosos puede ayudarnos a proteger nuestra salud mental y emocional mientras nos reconstruimos. Por ejemplo, si nos sentimos incómodos en ciertos lugares o con ciertas personas después de un trauma, es importante establecer límites claros y evitar situaciones que nos hagan sentir vulnerables o expuestos.

Capítulo 6: Desarrollando habilidades de afrontamiento

Estrategias de afrontamiento efectivas

Las estrategias de afrontamiento son herramientas y técnicas que utilizamos para hacer frente al estrés, resolver problemas y manejar las emociones difíciles. En este subcapítulo, exploraremos diversas estrategias de afrontamiento que puedes incorporar en tu vida diaria para mejorar tu bienestar emocional y enfrentar los desafíos con mayor calma y claridad, acompañadas de ejemplos prácticos para ilustrar su aplicación.

Una de las estrategias de afrontamiento más efectivas es la búsqueda de apoyo social. Contar con el apoyo de amigos, familiares o seres queridos puede proporcionarnos un lugar seguro para expresar nuestras emociones, obtener perspectivas diferentes y recibir ayuda práctica cuando la necesitamos. Por ejemplo, si estás pasando por un momento difícil en tu vida, hablar con un amigo cercano o un miembro de la familia sobre tus preocupaciones puede aliviar tu carga emocional y brindarte el apoyo que necesitas para enfrentar la situación con mayor fortaleza.

Otra estrategia de afrontamiento efectiva es la práctica regular de técnicas de manejo del estrés, como la respiración profunda, la relajación muscular progresiva o el mindfulness. Estas técnicas ayudan a calmar el sistema nervioso, reducir los niveles de estrés y mejorar nuestra capacidad para enfrentar los desafíos con calma y claridad. Por ejemplo, si te sientes abrumado por el estrés en el trabajo, puedes tomarte un descanso para practicar la respiración profunda y la relajación muscular para reducir tu nivel de estrés y recuperar la concentración y la claridad mental.

Además, es útil desarrollar habilidades de resolución de problemas para abordar eficazmente los desafíos que enfrentamos en la vida. Identificar el problema, generar soluciones alternativas y tomar medidas concretas para resolverlo nos ayuda a sentirnos más empoderados y en control de nuestras vidas. Por ejemplo, si estás lidiando con un conflicto en una relación, puedes utilizar habilidades de comunicación efectiva para expresar tus sentimientos y necesidades de manera clara y respetuosa, y buscar soluciones juntos para resolver el problema.

La práctica de la gratitud y el enfoque en lo positivo también pueden ser estrategias poderosas de afrontamiento. Centrarse en las cosas que valoramos y apreciamos en nuestras vidas, incluso en medio de los desafíos, nos ayuda a mantener una perspectiva optimista y resiliente. Por ejemplo, mantener un diario de gratitud donde escribimos tres cosas por las que estamos agradecidos cada día puede ayudarnos a cultivar una actitud de aprecio y optimismo que nos fortalezca en tiempos difíciles.

Por último, es importante recordar que no hay una sola estrategia de afrontamiento que funcione para todos. Es importante experimentar con diferentes técnicas y encontrar las que funcionen mejor para ti en diferentes situaciones. Lo que es importante es tener un arsenal de estrategias de afrontamiento efectivas a tu disposición para que puedas enfrentar los desafíos de la vida con coraje, resiliencia y esperanza.

Resolución de problemas

La resolución de problemas es una habilidad vital en la vida que nos permite enfrentar los desafíos de manera efectiva y encontrar soluciones prácticas a las dificultades que enfrentamos. En este subcapítulo, exploraremos diversas estrategias de resolución de problemas que puedes aplicar en tu vida cotidiana para mejorar tu capacidad para superar obstáculos y manejar situaciones difíciles, junto con ejemplos prácticos para ilustrar su aplicación.

Una estrategia fundamental en la resolución de problemas es identificar claramente el problema en cuestión. A menudo, enfrentamos situaciones complicadas que pueden parecer abrumadoras, pero es importante desglosar el problema en partes más pequeñas y específicas para poder abordarlo de manera efectiva. Por ejemplo, si estás experimentando estrés en el trabajo, identificar las principales fuentes de estrés, como plazos ajustados o falta de apoyo, te ayudará a abordar cada problema de manera individual y encontrar soluciones concretas.

Una vez que hemos identificado el problema, el siguiente paso es generar soluciones alternativas. Es útil ser creativo y pensar fuera de lo común para considerar una variedad de enfoques posibles para resolver el problema. Por ejemplo, si estás enfrentando un conflicto con un colega en el trabajo, puedes considerar diferentes formas de abordar la situación, como tener una conversación honesta y directa, buscar la mediación de un supervisor o buscar soluciones de compromiso que satisfagan a ambas partes.

Después de generar varias soluciones alternativas, es importante evaluar cada una de ellas cuidadosamente y considerar sus posibles consecuencias. Pregúntate a ti mismo qué efectos podrían tener cada solución en ti y en los demás involucrados, así como en la situación en general. Por ejemplo, si estás considerando cambiar de trabajo debido al estrés, es importante considerar cómo afectará esta decisión a tu carrera, tus finanzas y tu bienestar general antes de tomar una decisión final.

Una vez que hayas evaluado todas las opciones, elige la solución que creas que es la más adecuada y ponla en práctica. Es importante ser proactivo y tomar medidas concretas para implementar la solución elegida lo antes posible. Por ejemplo, si has decidido hablar con tu jefe sobre tus preocupaciones en el trabajo, programa una reunión con él lo antes posible para discutir la situación y buscar una resolución.

Finalmente, es importante revisar y ajustar tus soluciones según sea necesario. La resolución de problemas es un proceso iterativo, y es posible que necesites realizar ajustes a tus estrategias a medida que la situación evolucione. Por ejemplo, si implementas una solución para reducir el estrés en el trabajo y descubres que no está funcionando como esperabas, es importante estar dispuesto a revisar tu enfoque y probar nuevas estrategias hasta encontrar una que funcione para ti.

Toma de decisiones bajo presión

La habilidad para tomar decisiones bajo presión es fundamental en la vida cotidiana, especialmente cuando nos enfrentamos a situaciones desafiantes o urgentes. En este subcapítulo, exploraremos estrategias efectivas para tomar decisiones bajo presión y cómo aplicarlas en diversas situaciones, acompañadas de ejemplos prácticos para ayudarte a mejorar tus habilidades de toma de decisiones en momentos difíciles.

Una estrategia clave para tomar decisiones bajo presión es mantener la calma y mantener la claridad mental. Cuando nos enfrentamos a situaciones estresantes, es fácil sentirnos abrumados por nuestras emociones y perder la capacidad de pensar con claridad. Por ejemplo, si estás en una emergencia médica y necesitas tomar decisiones rápidas, como administrar primeros auxilios o llamar a una ambulancia, es crucial mantener la calma y concentrarte en las acciones necesarias para resolver la situación.

Otra estrategia útil es priorizar las opciones y centrarse en los resultados más importantes. En situaciones de alta presión, puede ser tentador tratar de abordar todos los aspectos del problema de una vez, pero esto puede conducir a la confusión y la indecisión. En su lugar, identifica las opciones más relevantes y enfócate en tomar decisiones que te acerquen al resultado deseado. Por ejemplo, si estás en una situación de emergencia en la que tienes que evacuar tu hogar debido a un incendio, prioriza tu seguridad y la de tus seres queridos sobre cualquier otra consideración.

Además, es importante confiar en tu intuición y en tu instinto al tomar decisiones bajo presión. Nuestro instinto es a menudo una poderosa herramienta que nos guía hacia la mejor opción incluso cuando no tenemos tiempo para analizar todas las variables. Por ejemplo, si estás en una situación de emergencia y tienes que tomar una decisión rápida sobre cuál es la mejor ruta de escape, confía en tus instintos y sigue tu primera impresión sobre cuál es la dirección más segura.

También es útil practicar la toma de decisiones bajo presión en situaciones menos críticas para estar mejor preparados cuando se presente una situación real. Por ejemplo, puedes simular escenarios de emergencia o participar en juegos de roles que te expongan a la presión y te ayuden a desarrollar tu capacidad para tomar decisiones rápidas y efectivas. Cuanto más practiques tomar decisiones bajo presión, más cómodo te sentirás enfrentando situaciones difíciles en la vida real.

Capítulo 7: Manteniendo la esperanza y la motivación

Cultivando la esperanza en tiempos difíciles

La esperanza es una fuerza poderosa que nos impulsa hacia adelante incluso en los momentos más oscuros. En este subcapítulo, exploraremos cómo podemos cultivar la esperanza en tiempos difíciles, fortaleciendo nuestra resiliencia emocional y nuestra capacidad para superar los desafíos con determinación y optimismo. Acompañado de ejemplos prácticos, te ofreceré estrategias efectivas para mantener viva la llama de la esperanza en tu vida diaria.

Una estrategia fundamental para cultivar la esperanza es mantener una actitud optimista y enfocarnos en las posibilidades en lugar de en las limitaciones. En momentos de adversidad, es fácil caer en la desesperanza y centrarse en lo que está mal en lugar de buscar soluciones y oportunidades para el crecimiento. Por ejemplo, si enfrentamos dificultades financieras, en lugar de sentirnos abrumados por la deuda, podemos concentrarnos en desarrollar un plan financiero sólido y en buscar nuevas oportunidades para aumentar nuestros ingresos.

Además, es importante establecer metas realistas y alcanzables que nos den un sentido de propósito y dirección en la vida. Tener metas nos ayuda a mantenernos enfocados en el futuro y nos da la motivación necesaria para seguir adelante incluso en momentos difíciles. Por ejemplo, si estamos pasando por un período de desempleo, podemos establecer metas a corto plazo, como enviar un número específico de solicitudes de empleo cada semana, y metas a largo plazo, como adquirir nuevas habilidades o avanzar en nuestra carrera profesional.

Otra estrategia efectiva para cultivar la esperanza es practicar la gratitud y enfocarnos en las cosas positivas en nuestras vidas, incluso en medio de las dificultades. Reconocer y apreciar las bendiciones que tenemos, como la salud, las relaciones significativas y las pequeñas alegrías cotidianas, nos ayuda a mantener una perspectiva optimista y a mantener viva la esperanza en el futuro. Por ejemplo, si estamos enfrentando problemas de salud, podemos sentir gratitud por el apoyo y la comprensión de nuestros seres queridos, así como por los momentos de alivio y confort que experimentamos en medio del dolor.

Además, es útil rodearnos de personas que nos apoyen y nos inspiren a mantenernos fuertes en tiempos difíciles. El apoyo emocional de amigos, familiares y seres queridos puede ser una fuente invaluable de fortaleza y esperanza cuando enfrentamos desafíos en la vida. Por ejemplo, si estamos pasando por una ruptura difícil, podemos buscar el consuelo y la compañía de amigos que nos escuchen y nos brinden apoyo incondicional mientras sanamos.

Establecimiento de metas realistas y alcanzables

Establecer metas es fundamental para mantenernos enfocados, motivados y con un sentido de dirección en la vida. Sin embargo, es importante que estas metas sean realistas y alcanzables para evitar la frustración y el desánimo. En este subcapítulo, exploraremos la importancia del establecimiento de metas realistas y te proporcionaré estrategias prácticas para definir objetivos que puedas alcanzar con éxito en tu vida diaria.

Una estrategia clave para establecer metas realistas es definir claramente lo que deseas lograr y asegurarte de que sea algo que esté dentro de tus posibilidades y recursos actuales. Por ejemplo, si deseas mejorar tu estado físico, en lugar de establecer una meta vaga como "ponerte en forma", podrías definir una meta específica y medible, como "correr una carrera de 5 kilómetros en seis meses", lo que te brinda un objetivo claro y alcanzable.

Además, es importante dividir tus metas en objetivos a corto plazo y a largo plazo para facilitar el seguimiento y la planificación. Establecer hitos pequeños y alcanzables a lo largo del camino te ayuda a mantener la motivación y el impulso a medida que avanzas hacia tus metas más grandes. Por ejemplo, si tu objetivo a largo plazo es aprender un nuevo idioma, puedes establecer metas a corto plazo, como completar un curso en línea o practicar el idioma durante al menos 30 minutos al día.

Otra estrategia efectiva es establecer metas que sean específicas, medibles, alcanzables, relevantes y limitadas en el tiempo (conocidas como metas SMART). Este enfoque te ayuda a definir metas claras y concretas que sean fácilmente evaluables y alcanzables en un período de tiempo determinado. Por ejemplo, en lugar de establecer la meta genérica de "mejorar mis habilidades de liderazgo", podrías establecer una meta SMART como "asistir a un taller de liderazgo durante tres meses y aplicar al menos dos nuevas estrategias de liderazgo en mi trabajo".

Además, es importante ser flexible y estar dispuesto a ajustar tus metas según sea necesario a medida que evoluciona tu situación y circunstancias. La vida está llena de imprevistos y cambios, y es importante adaptar nuestras metas y planes a medida que surgen nuevos desafíos y oportunidades. Por ejemplo, si enfrentas un cambio repentino en tu situación financiera, puede que necesites ajustar tus metas de ahorro o reevaluar tus prioridades financieras para adaptarte a la nueva realidad.

Superando la desmotivación y la apatía

La desmotivación y la apatía pueden ser obstáculos significativos en nuestro camino hacia el éxito y el bienestar personal. En este subcapítulo, exploraremos estrategias efectivas para superar estos sentimientos paralizantes y encontrar la motivación y la pasión en nuestras vidas nuevamente. Acompañado de ejemplos prácticos, te ofreceré herramientas para revitalizar tu energía y encontrar el impulso necesario para alcanzar tus objetivos.

Una estrategia clave para superar la desmotivación y la apatía es identificar las causas subyacentes de estos sentimientos y abordarlas de manera proactiva. A menudo, la desmotivación y la apatía pueden ser el resultado de factores como el estrés, la falta de sueño, la falta de claridad sobre nuestras metas o la insatisfacción con nuestra situación actual. Por ejemplo, si te sientes desmotivado en el trabajo, puede ser útil reflexionar sobre lo que te hace sentir así y buscar formas de abordar tus preocupaciones, como hablar con tu supervisor sobre tus responsabilidades o explorar nuevas oportunidades laborales.

Además, es importante reconectarnos con nuestras pasiones y intereses para revitalizar nuestra motivación y entusiasmo por la vida. A menudo, la desmotivación y la apatía pueden surgir cuando nos alejamos de las actividades que nos apasionan y nos hacen sentir vivos. Por ejemplo, si solías disfrutar pintando pero has dejado de hacerlo debido a tus responsabilidades, reservar tiempo para retomar esta actividad puede ayudarte a recargar tu energía y encontrar un nuevo sentido de propósito y satisfacción.

Otra estrategia efectiva es establecer metas realistas y alcanzables que nos den un sentido de dirección y propósito en la vida. Las metas nos brindan un motivo para levantarnos por la mañana y nos ayudan a mantenernos enfocados y comprometidos con nuestras aspiraciones. Por ejemplo, si te sientes apático sobre tu salud física, establecer una meta alcanzable como caminar 30 minutos al día o inscribirte en una clase de yoga puede darte un objetivo concreto para trabajar y te motivará a tomar medidas positivas para mejorar tu bienestar.

Además, es importante cuidar de nuestro bienestar emocional y físico para mantenernos motivados y enfocados en nuestras metas. Esto incluye priorizar el sueño adecuado, hacer ejercicio regularmente, comer de manera saludable y practicar técnicas de manejo del estrés como la meditación y la respiración profunda. Por ejemplo, si te sientes desmotivado debido a la falta de energía y la fatiga, hacer cambios simples en tu estilo de vida, como establecer una rutina de sueño regular y hacer ejercicio regularmente, puede tener un impacto significativo en tu estado de ánimo y motivación.

Capítulo 8: Cuidando el bienestar físico y emocional

La importancia del autocuidado

El autocuidado es fundamental para nuestro bienestar físico, mental y emocional. En este subcapítulo, exploraremos por qué es crucial dedicar tiempo y esfuerzo a cuidarnos a nosotros mismos, así como estrategias prácticas para incorporar el autocuidado en nuestras vidas diarias. Acompañado de ejemplos útiles, te ofreceré herramientas para priorizar tu salud y bienestar en un mundo cada vez más ocupado y demandante.

Uno de los aspectos más importantes del autocuidado es reconocer que nuestras necesidades son válidas y merecen ser atendidas. A menudo, nos encontramos priorizando las demandas de trabajo, familia y otras responsabilidades sobre nuestras propias necesidades, lo que puede llevar a un agotamiento físico y emocional. Por ejemplo, si constantemente posponemos tomar descansos o hacer ejercicio porque sentimos que debemos cumplir con nuestras obligaciones, es importante recordar que cuidar de nosotros mismos es fundamental para mantenernos saludables y felices a largo plazo.

Además, el autocuidado no se trata solo de tomar medidas para evitar el agotamiento, sino también de cultivar un sentido de amor propio y respeto por nosotros mismos. Esto implica aprender a establecer límites saludables, decir no cuando sea necesario y priorizar nuestras propias necesidades sin sentirnos culpables. Por ejemplo, si nos sentimos abrumados por las demandas de los demás, es importante aprender a establecer límites claros y comunicar nuestras necesidades de manera asertiva para proteger nuestra salud y bienestar.

El autocuidado también incluye el cuidado de nuestra salud física, que es la base de nuestro bienestar general. Esto implica adoptar hábitos saludables como hacer ejercicio regularmente, comer una dieta equilibrada y nutritiva, dormir lo suficiente y practicar la relajación y el manejo del estrés. Por ejemplo, si nos sentimos constantemente agotados y estresados debido a un estilo de vida ocupado, podemos priorizar actividades que promuevan la relajación y la recuperación, como practicar yoga o meditación, tomar baños relajantes o dar paseos por la naturaleza.

Además, el autocuidado también implica cuidar de nuestra salud mental y emocional, que es igualmente importante para nuestro bienestar general. Esto puede implicar buscar apoyo profesional si estamos lidiando con problemas emocionales o psicológicos, practicar la autoaceptación y el perdón, y cultivar relaciones saludables y de apoyo. Por ejemplo, si nos sentimos abrumados por el estrés o la ansiedad, podemos buscar la ayuda de un terapeuta o consejero para aprender técnicas de manejo del estrés y desarrollar habilidades de afrontamiento efectivas.

Hábitos saludables de sueño, alimentación y ejercicio

La adopción de hábitos saludables en áreas clave como el sueño, la alimentación y el ejercicio es fundamental para mantener un estilo de vida equilibrado y promover nuestro bienestar físico y mental. En este subcapítulo, exploraremos la importancia de estos hábitos y proporcionaré estrategias prácticas para incorporarlos en nuestra vida diaria. Acompañado de ejemplos útiles, te ofreceré herramientas para mejorar tu calidad de vida a través de simples cambios en tu rutina.

1. Sueño:

El sueño es esencial para la salud y el bienestar general. Durante el sueño, nuestro cuerpo se recupera, se repara y se rejuvenece, y nuestra mente procesa la información y las emociones del día. Es importante establecer una rutina de sueño regular y respetarla, incluso los fines de semana. Por ejemplo, acostarse y levantarse a la misma hora todos los días puede ayudar a regular nuestro reloj biológico y mejorar la calidad de nuestro sueño.

Además, es importante crear un ambiente propicio para el sueño en el dormitorio, que sea oscuro, tranquilo y fresco. Evitar el uso de dispositivos electrónicos antes de acostarse y practicar técnicas de relajación, como la meditación o la respiración profunda, pueden ayudar a calmar la mente y preparar el cuerpo para dormir. Por ejemplo, establecer una rutina relajante antes de acostarse, como tomar un baño caliente o leer un libro, puede ayudar a inducir el sueño y mejorar la calidad de nuestro descanso nocturno.

2. Alimentación:

Una dieta equilibrada y nutritiva es fundamental para mantener la salud y el bienestar general. Esto implica consumir una variedad de alimentos frescos y saludables, incluyendo frutas, verduras, granos enteros, proteínas magras y grasas saludables.

Por ejemplo, optar por una ensalada colorida con verduras frescas, proteínas magras y aguacate para el almuerzo puede proporcionar una nutrición óptima y energía duradera para el resto del día.

Además, es importante mantenerse hidratado bebiendo suficiente agua a lo largo del día. El agua es esencial para la salud de nuestro cuerpo y ayuda a mantenernos hidratados, energizados y alerta. Por ejemplo, llevar una botella de agua reutilizable contigo durante el día y hacer un esfuerzo consciente para beber regularmente puede ayudarte a mantener un buen nivel de hidratación y evitar la fatiga y la deshidratación.

3. Ejercicio:

El ejercicio regular es clave para mantener un cuerpo fuerte y saludable, así como para reducir el estrés y mejorar el estado de ánimo. Es importante encontrar actividades que disfrutemos y que se ajusten a nuestro estilo de vida y preferencias personales. Por ejemplo, si disfrutas del aire libre, actividades como caminar, correr o andar en bicicleta pueden ser excelentes opciones de ejercicio.

Además, es importante establecer metas realistas y alcanzables para nuestro ejercicio y mantenernos consistentes en nuestra rutina. Esto puede implicar programar sesiones de ejercicio regulares en nuestro horario semanal y buscar el apoyo de amigos o familiares para mantenernos motivados y responsables. Por ejemplo, unirte a un grupo de corredores locales o inscribirte en clases de yoga con un amigo puede ayudarte a mantenerte comprometido con tu rutina de ejercicio y a mantenerte motivado para alcanzar tus objetivos de fitness.

En resumen, adoptar hábitos saludables de sueño, alimentación y ejercicio es fundamental para nuestro bienestar físico y mental. Al establecer rutinas regulares y hacer cambios simples en nuestra vida diaria, podemos mejorar nuestra calidad de vida y disfrutar de una salud óptima a largo plazo. Recuerda que pequeños cambios pueden marcar una gran diferencia en cómo nos sentimos y funcionamos en nuestro día a día.

Gestión de las emociones y el autocuidado emocional

La gestión de nuestras emociones y el autocuidado emocional son aspectos fundamentales de nuestro bienestar general. En este subcapítulo, exploraremos la importancia de comprender y manejar nuestras emociones, así como estrategias prácticas para cuidar nuestra salud emocional. Acompañado de ejemplos útiles, te ofreceré herramientas para fortalecer tu resiliencia emocional y vivir una vida más plena y satisfactoria.

1. Reconocimiento y aceptación de emociones:

El primer paso en la gestión de nuestras emociones es reconocer y aceptar cómo nos sentimos. A menudo, tendemos a reprimir o negar nuestras emociones, especialmente aquellas que consideramos negativas o difíciles de manejar. Sin embargo, negar nuestras emociones solo prolonga nuestro sufrimiento y dificulta nuestra capacidad para lidiar con ellas de manera saludable. Por ejemplo, si nos sentimos tristes o ansiosos por una situación particular, es importante reconocer y aceptar estos sentimientos en lugar de ignorarlos o minimizarlos.

2. Expresión emocional saludable:

Una vez que hemos reconocido nuestras emociones, es importante encontrar formas saludables de expresarlas y procesarlas. Esto puede implicar hablar con un amigo de confianza, escribir en un diario, practicar el arte o la música, o participar en actividades que nos ayuden a liberar la tensión emocional. Por ejemplo, si estamos sintiendo frustración o enojo, podemos encontrar alivio en salir a correr o practicar algún deporte que nos permita liberar esa energía acumulada.

3. Prácticas de autocuidado emocional:

El autocuidado emocional incluye una variedad de prácticas que nos ayudan a mantenernos equilibrados y en armonía con nuestras emociones. Esto puede incluir actividades como la meditación, la respiración profunda, el yoga, el tiempo de silencio o la atención plena, que nos ayudan a reducir el estrés y la ansiedad, y a cultivar un mayor bienestar emocional. Por ejemplo, dedicar unos minutos cada día a practicar la meditación o la atención plena puede ayudarnos a cultivar la calma interior y a fortalecer nuestra capacidad para manejar el estrés y las emociones difíciles.

4. Establecimiento de límites saludables:

Es importante establecer límites saludables en nuestras relaciones y actividades para proteger nuestra salud emocional y prevenir el agotamiento. Esto puede implicar decir no cuando nos sentimos abrumados, aprender a delegar responsabilidades, y priorizar nuestras propias necesidades y bienestar. Por ejemplo, si nos sentimos constantemente agobiados por las demandas de los demás, podemos establecer límites claros y comunicar nuestras necesidades de manera asertiva para proteger nuestra salud emocional y evitar el agotamiento.

En resumen, la gestión de nuestras emociones y el autocuidado emocional son aspectos fundamentales de nuestro bienestar general. Al reconocer y aceptar nuestras emociones, encontrar formas saludables de expresarlas y procesarlas, practicar el autocuidado emocional regularmente y establecer límites saludables en nuestras vidas, podemos fortalecer nuestra resiliencia emocional y vivir una vida más equilibrada y satisfactoria. Recuerda que cuidar de tu salud emocional es tan importante como cuidar de tu salud física, y mereces dedicar tiempo y esfuerzo a cuidar de ti mismo en todos los aspectos.

Capítulo 9: Integrando la resiliencia en la vida diaria

Incorporando prácticas resilientes en la rutina diaria

La resiliencia es una habilidad que podemos desarrollar y fortalecer a lo largo del tiempo. Una forma efectiva de hacerlo es incorporar prácticas resilientes en nuestra rutina diaria. Estas prácticas nos ayudan a construir una base sólida de resiliencia que podemos recurrir en tiempos de dificultad. En este subcapítulo, exploraremos algunas prácticas resilientes que puedes integrar fácilmente en tu vida diaria, junto con ejemplos prácticos para ayudarte a implementarlas de manera efectiva.

1. Gratitud diaria:

Practicar la gratitud diaria es una forma poderosa de cultivar la resiliencia y mantener una perspectiva positiva incluso en momentos difíciles. Cada día, tómate un momento para reflexionar sobre las cosas por las que estás agradecido. Puedes mantener un diario de gratitud donde escribas tres cosas que te hayan traído alegría, satisfacción o gratitud durante el día. Por ejemplo, puedes estar agradecido por el sol brillante que te dio energía durante tu caminata matutina, por una conversación inspiradora con un amigo, o por el delicioso café que disfrutaste en la mañana.

2. Momentos de mindfulness:

La práctica del mindfulness o la atención plena es otra herramienta poderosa para construir resiliencia y reducir el estrés. Dedica unos minutos cada día a practicar la atención plena, enfocándote en el momento presente y observando tus pensamientos, emociones y sensaciones corporales sin juzgar. Puedes realizar una breve meditación de atención plena, prestar atención a tu respiración mientras te tomas un descanso durante el día, o simplemente ser consciente de tus acciones mientras realizas tus tareas cotidianas. Por ejemplo, puedes practicar la atención plena mientras te cepillas los dientes, prestando atención a las sensaciones del cepillo y la pasta dental en tu boca, en lugar de dejar que tu mente divague hacia otras preocupaciones.

3. Ejercicio regular:

El ejercicio regular no solo es beneficioso para nuestra salud física, sino también para nuestra salud mental y emocional. Incorpora al menos 30 minutos de actividad física en tu rutina diaria, ya sea caminar, correr, nadar, hacer yoga o cualquier otra actividad que disfrutes. El ejercicio ayuda a reducir el estrés, mejorar el estado de ánimo y aumentar la energía, todos factores importantes para construir resiliencia. Por ejemplo, puedes aprovechar tu hora de almuerzo para dar un paseo rápido por el vecindario o hacer una sesión de yoga corta antes de acostarte para relajarte y liberar tensiones acumuladas durante el día.

4. Tiempo para el autocuidado:

No subestimes la importancia de dedicar tiempo para cuidar de ti mismo en medio de tus responsabilidades diarias. Programa momentos de autocuidado en tu agenda, ya sea tomar un baño relajante, leer un libro que te apasione, practicar un hobby creativo o simplemente descansar y relajarte. El autocuidado te ayuda a recargar energías, reducir el estrés y fortalecer tu resiliencia emocional. Por ejemplo, puedes reservar una noche a la semana para disfrutar de una cena tranquila con tu pareja, salir a caminar solo en la naturaleza para reconectar contigo mismo, o dedicar tiempo a una actividad que te brinde alegría y satisfacción.

Incorporar estas prácticas resilientes en tu rutina diaria te ayudará a construir una base sólida de resiliencia que te permitirá enfrentar los desafíos de la vida con mayor fortaleza y optimismo. Recuerda que la resiliencia es una habilidad que se desarrolla con el tiempo y la práctica constante, así que sé paciente contigo mismo y sigue trabajando en fortalecer tu capacidad para enfrentar y superar los obstáculos que se presenten en tu camino.

Perseverancia y constancia en el camino hacia la resiliencia

La resiliencia no es solo una cualidad innata, sino también una habilidad que se puede desarrollar y fortalecer a lo largo del tiempo. Uno de los ingredientes clave para cultivar la resiliencia es la perseverancia y la constancia en nuestro camino hacia el crecimiento personal. En este subcapítulo, exploraremos la importancia de mantenernos firmes y comprometidos a pesar de los desafíos que enfrentemos, junto con ejemplos prácticos para ilustrar cómo la perseverancia puede ayudarnos a superar obstáculos y alcanzar nuestras metas.

1. Mantener el enfoque en los objetivos:

La perseverancia implica mantenernos enfocados en nuestros objetivos a pesar de los contratiempos y las dificultades que puedan surgir en el camino. Es importante recordar por qué nos propusimos alcanzar un determinado objetivo y mantenernos comprometidos con ese propósito incluso cuando enfrentamos obstáculos. Por ejemplo, si estamos trabajando para avanzar en nuestra carrera profesional, podemos mantenernos motivados recordando el impacto positivo que nuestro éxito tendrá en nuestra vida y en la vida de quienes nos rodean.

2. Aprender de los fracasos:

La perseverancia también implica aprender de los fracasos y rechazos en lugar de dejar que nos desanimen. Cada fracaso o contratiempo es una oportunidad de crecimiento y aprendizaje que nos acerca un paso más hacia nuestras metas si estamos dispuestos a aprender de ellos. Por ejemplo, si no obtenemos el trabajo que deseamos después de una entrevista, en lugar de rendirnos, podemos reflexionar sobre nuestras áreas de mejora y buscar nuevas oportunidades que nos acerquen a nuestros objetivos.

3. Adaptarse a los cambios:

La vida está llena de cambios y desafíos inesperados, y la perseverancia implica ser flexible y adaptarse a las circunstancias cambiantes. En lugar de resistirnos ante los cambios, podemos verlos como oportunidades para crecer y evolucionar. Por ejemplo, si experimentamos un cambio repentino en nuestras circunstancias laborales o personales, en lugar de lamentarnos por lo que podría haber sido, podemos buscar maneras creativas de adaptarnos a la nueva situación y encontrar nuevas oportunidades para avanzar.

4. Celebrar los pequeños logros:

La perseverancia no solo se trata de alcanzar grandes metas, sino también de celebrar los pequeños logros a lo largo del camino. Reconocer y celebrar nuestros progresos nos ayuda a mantenernos motivados y comprometidos con nuestro camino hacia la resiliencia. Por ejemplo, si estamos trabajando para mejorar nuestra salud física, podemos celebrar cada kilómetro adicional que corremos o cada comida saludable que preparamos, reconociendo el esfuerzo y la dedicación que hemos puesto en nuestro bienestar.

En resumen, la perseverancia y la constancia son aspectos fundamentales en nuestro camino hacia la resiliencia. Al mantenernos enfocados en nuestros objetivos, aprender de los fracasos, adaptarnos a los cambios y celebrar los pequeños logros, podemos cultivar la resiliencia necesaria para enfrentar los desafíos de la vida con determinación y optimismo. Recuerda que cada paso que das hacia adelante, por pequeño que sea, te acerca un paso más hacia la persona fuerte y resiliente que estás destinado a ser.

Celebrando el progreso y los logros personales

En el camino hacia la resiliencia y el crecimiento personal, es crucial reconocer y celebrar cada paso adelante, por pequeño que sea. En este subcapítulo, exploraremos la importancia de celebrar el progreso y los logros personales, junto con ejemplos prácticos para ayudarte a incorporar esta práctica en tu vida diaria.

1. Reconocer el progreso:

A menudo, nos centramos demasiado en nuestros objetivos finales y pasamos por alto el progreso que hemos logrado en el camino. Es importante tomar un momento para reflexionar sobre los avances que hemos hecho, por pequeños que sean, y reconocer el esfuerzo y la dedicación que hemos puesto en ellos. Por ejemplo, si estamos trabajando para mejorar nuestra salud física, en lugar de solo enfocarnos en alcanzar nuestro peso ideal, podemos celebrar cada semana en la que hemos mantenido una rutina de ejercicio regular o hemos comido de manera más saludable.

2. Celebrar los hitos importantes:

Además de reconocer el progreso diario, también es importante celebrar los hitos importantes en nuestro camino hacia nuestras metas. Estos hitos pueden incluir alcanzar un objetivo específico, superar un desafío significativo o alcanzar un nivel de dominio en una habilidad que estamos desarrollando. Por ejemplo, si estamos aprendiendo a tocar un instrumento musical, podemos celebrar el momento en que dominamos una nueva canción o nos presentamos en público por primera vez.

3. Compartir nuestros logros con otros:

Celebrar nuestros logros personalmente es importante, pero compartirlos con otros puede hacer que la experiencia sea aún más significativa. Compartir nuestros logros con amigos, familiares o colegas no solo nos brinda apoyo y reconocimiento externo, sino que también nos permite celebrar juntos y fortalecer nuestros lazos con quienes nos rodean. Por ejemplo, si hemos completado con éxito un proyecto importante en el trabajo, podemos compartir la noticia con nuestro equipo y celebrar juntos el logro.

4. Practicar la gratitud:

La gratitud es una parte importante de la celebración del progreso y los logros personales. Tomarse un momento para expresar gratitud por el progreso que hemos logrado y por las personas que nos han apoyado en el camino nos ayuda a mantener una perspectiva positiva y a fortalecer nuestra conexión con los demás. Por ejemplo, podemos expresar gratitud hacia un mentor que nos ha guiado y apoyado en nuestro camino hacia el éxito, o hacia amigos y familiares que han estado ahí para celebrar nuestros logros con nosotros.

En resumen, celebrar el progreso y los logros personales es fundamental en nuestro camino hacia la resiliencia y el crecimiento personal. Al reconocer el progreso, celebrar los hitos importantes, compartir nuestros logros con otros y practicar la gratitud, podemos fortalecer nuestra motivación, reforzar nuestra autoestima y cultivar una actitud positiva hacia la vida. Recuerda que cada logro, por pequeño que sea, es un paso adelante en tu viaje hacia una vida plena y satisfactoria.

Conclusión

A lo largo de este viaje a través de las páginas de este libro sobre resiliencia, hemos explorado las profundidades del ser humano y hemos descubierto la increíble capacidad que reside dentro de cada uno de nosotros para enfrentar y superar los desafíos de la vida. Desde los fundamentos de la resiliencia hasta las prácticas cotidianas que fortalecen nuestra capacidad para enfrentar la adversidad, hemos trazado un mapa que nos guía hacia una vida más plena, resistente y satisfactoria.

Hemos aprendido que la resiliencia no es solo la habilidad de "superar" las dificultades, sino también la capacidad de crecer y prosperar a partir de ellas. A lo largo de los capítulos, hemos explorado los pilares de la resiliencia, desde la mentalidad positiva hasta la gestión del estrés, desde el cultivo de relaciones significativas hasta el autocuidado emocional. Cada concepto, cada estrategia, cada ejemplo compartido ha sido un faro de luz en nuestro camino, iluminando el camino hacia una vida más resiliente y significativa.

Nos hemos sumergido en las aguas de la autoconciencia, aprendiendo a reconocer y aceptar nuestras emociones, a cultivar la compasión y el perdón hacia nosotros mismos, y a encontrar fortaleza en nuestra vulnerabilidad. Hemos escalado las montañas de la adversidad, aprendiendo a cambiar nuestra perspectiva sobre los desafíos, a transformar el dolor en oportunidad y a encontrar esperanza incluso en los momentos más oscuros.

En este viaje, hemos encontrado compañeros de viaje en forma de ejemplos inspiradores, historias de triunfo sobre la adversidad y lecciones aprendidas a través del dolor y la pérdida. Desde aquellos que han sobrevivido a tragedias inimaginables hasta aquellos que han convertido sus desafíos en oportunidades para crecer y servir a los demás, cada historia ha sido un recordatorio poderoso de la resiliencia inherente del espíritu humano.

Y mientras llegamos al final de este viaje, recordamos que la resiliencia no es un destino final, sino un viaje continuo. Cada día, cada momento, tenemos la oportunidad de practicar la resiliencia en nuestras vidas, de elegir el camino del crecimiento sobre el estancamiento, de encontrar fortaleza en nuestras debilidades y esperanza en nuestros desafíos.

Que estas palabras sirvan como guía y recordatorio en tu propio viaje hacia la resiliencia. Que encuentres inspiración en las historias compartidas, fuerza en los conceptos explorados y coraje para enfrentar los desafíos que la vida te presente. Que recuerdes siempre que eres más fuerte de lo que crees y que, con perseverancia, compasión y determinación, puedes superar cualquier obstáculo que se interponga en tu camino.

Que tu viaje hacia la resiliencia sea uno de crecimiento, aprendizaje y transformación. Y que al final del día, cuando mires hacia atrás en el camino recorrido, encuentres gratitud por cada paso dado, cada lección aprendida y cada momento de crecimiento experimentado.

Que la resiliencia sea tu guía, tu fuerza y tu luz en los días por venir. ¡Adelante, valiente viajero, el mundo te espera con los brazos abiertos!

www.ingramcontent.com/pod-product-compliance
Lightning Source LLC
Chambersburg PA
CBHW061634130726
47996CB00003B/1279